# MÉTHODE SIMPLIFIÉE

## DE

# LECTURE

OU SONT CONTENUES

### TOUTES LES DIFFICULTÉS DE LA LECTURE ÉLÉMENTAIRE

PAR

## LÉON BONHOURE Fils

Professeur de grammaire.

### PREMIÈRE PARTIE

PARIS

LIBRAIRIE CLASSIQUE ET D'ÉDUCATION

**A. MAUGARS**

30, RUE SAINTE-CROIX-DE-LA-BRETONNERIE, 30

1863
1864

# MÉTHODE SIMPLIFIÉE

## DE

# LECTURE

OÙ SONT CONTENUES

## TOUTES LES DIFFICULTÉS DE LA LECTURE ÉLÉMENTAIRE

PAR

## LÉON BONHOURE Fils

Professeur de grammaire.

## PREMIÈRE PARTIE

## PARIS

LIBRAIRIE CLASSIQUE ET D'ÉDUCATION

## A. MAUGARS

30, RUE SAINTE-CROIX-DE-LA-BRETONNERIE, 30

1869

## MÊME LIBRAIRIE

### OUVRAGES DU MÊME AUTEUR

**Petit Alphabet méthodique du premier âge;** ouvrage formé seulement de mots faciles et bien connus. Gr. in-18 broché et cartonné.

**Méthode élémentaire d'Orthographe de principes et d'usage,** pour préparer les jeunes élèves à l'étude de la grammaire; ouvrage indispensable aux enfants qui commencent à copier et à écrire sous la dictée. In-12, cartonné.

(SOUS PRESSE.)

## OUVRAGES CLASSIQUES DE M. BONHOURE Père

### ancien instituteur

**Méthode élémentaire de Style,** pourvue d'exercices à mots surabondants, répétés et manquants, à corriger. In-12, cart.

**Corrigé** de la *Méthode élémentaire de style.* In-12, cartonné.

**La Conjugaison des verbes,** rendue facile par des exemples théoriques et pratiques pourvus d'un numérotage très-commode. In-12, cartonné.

**L'Art de Lire,** ou *Méthode supérieure de lecture,* ouvrage où sont aplanies les dernières difficultés théoriques et mécaniques de la lecture générale, et contenant des morceaux choisis de prose et de poésie. In-12, cartonné.

# PRÉFACE

Conçue et exécutée d'après un plan aussi simple que complet, cette *Méthode simplifiée de Lecture élémentaire* se divise en quatre parties, dont chacune d'elles contient, selon ce qui lui est propre, de nombreux exercices ou exemples de mots détachés, de membres de phrases, de phrases non liées et liées par le sens, et un peu de lecture courante. Pour mieux dire, la première partie ne présente que les mots les plus faciles ou n'ayant aucune difficulté. La seconde offre tout de suite les premières difficultés ou les mots qui peuvent se prononcer de deux manières, ou autrement qu'ils sont écrits. La troisième renferme les difficultés moyennes ou secondaires ; et la quatrième, les dernières difficultés, et avec elles, un peu de lecture courante appropriée au goût et à l'intelligence de l'enfance.

Comme ces quatre parties ont cent vingt pages, nous en avons formé deux petits volumes, dont le premier a quarante-huit pages et l'autre, soixante-douze. Ainsi divisées en deux volumes elles semblent coûter moins qu'en un seul, et plaisent mieux aux enfants, parce qu'ils croient, en changeant de livre, qu'ils changent d'ouvrage, et font par conséquent plus de progrès : et pour eux, ceci est à considérer.

*NOTA. — Voyez, à la fin de l'ouvrage, ce qui concerne les principes et la pratique de la lecture élémentaire. Cette méthode est aussi en un seul volume, afin de satisfaire tout le monde.*

MÉTHODE SIMPLIFIÉE

# DE LECTURE

---

## PREMIÈRE PARTIE.

### DES PREMIERS ÉLÉMENTS DE LA LECTURE ÉLÉMENTAIRE.

### 1re LEÇON.

**Lettres minuscules romaines.**

a b c d e f g

h i j k l m n

o p q r s t u

v x y z

## 2ᵉ LEÇON.

### Lettres majuscules romaines.

A B C D E

F G H I J

K L M N O

P Q R S T

U V X Y Z

# 3ᵉ LEÇON.

## Lettres minuscules italiques.

*a b c d e f g*

*h i j k l m n*

*o p q r s t u*

*v x y z*

# 4ᵉ LEÇON.

## Lettres majuscules italiques.

*A B C D E*

*F G H I J*

*K L M N O*

*P Q R S T*

*U V X Y Z*

# 5ᵉ LEÇON.

## Signes orthographiques.

## Signes de Ponctuation.

## Signes de Numération ou Chiffres.

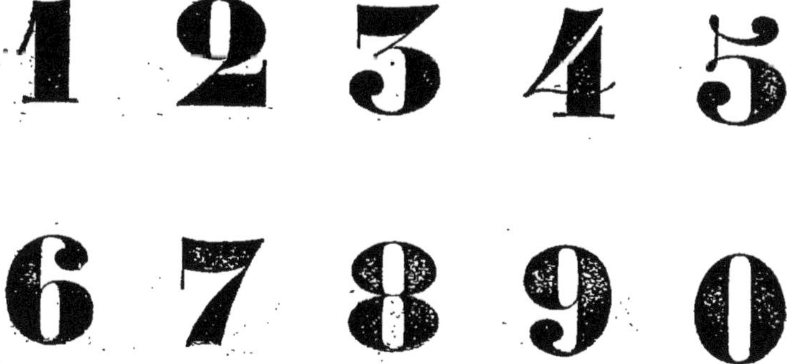

## 6ᵉ LEÇON.

**Lettres minuscules romaines.**

### VOYELLES.

a  e  i  o  u  y

### CONSONNES.

b  c  d  f  g  h  j

k  l  m  n  p  q  r

s  t  v  x  z

## 7ᵉ LEÇON.

### Syllabes de deux lettres.

#### 1ᵉʳ EXEMPLE.

Ba, be, bi, bo, bu.
— Da, de, di, do, du,
— Fa, fe, fi, fo, fu. —
— Ja, je, » jo ju. —
La, le, li, lo, lu. —
Ma, me, mi, mo, mu.

#### 2ᵉ EXEMPLE.

Na, ne, ni, no, nu. —
Pa, pe, pi, po, pu. —
Ra, re, ri, ro, ru. — Sa,
se, si, so, su. — Ta, te,
ti, to, tu. — Va, ve, vi,
vo, vu.

## 8ᵉ LEÇON.

### Même Exercice.

#### 1ᵉʳ EXEMPLE.

Fa, re, mi, pu, vo. — De, bu, la, fi, ru. — To, sa, li, vu, ne. — Ju, bi, fe, ra, te. — Ma, ri, pa, do, fu. — Vi, je, lo, tu, re.

#### 2ᵉ EXEMPLE.

Pa, se, ni, du, fo, — Le, va, mo, su, pe. — Te, ba, ro, lu, si. — Tu, da, be, po, di. — Nu, ve, so, ja, pi. — Me, bo, mu, na, ti.

## 9ᵉ LEÇON.

### Mots de deux syllabes.

**1ᵉʳ EXEMPLE.**

**1. Pa pa**, da me, mi di, ra ve, pa ru , li me. **Mo de**, pu re, ve lu, sa pe, fi ni, pi-pe. **Re vu**, mi ne, du pe, te nu, la me, ju pe. **Ra me**, pu ni, fa de, se mi, la ve, me na. **Pi le**, mi re, lo to, me-nu, fa ne.

**2ᵉ EXEMPLE.**

**2. Du ne**, no ta, po re, de mi, bu re, do du. **Pi re**, lu ne, ma ri, tu be, pa le, du re. **Fi le**, re lu, si re, po-pe, so fi, fu me. **Ma re**, pa va, ri me, mu le, li ra, mi te.

## 10ᵉ LEÇON.

### Même Exercice.

**1ᵉʳ EXEMPLE.**

3. Ti ne, mu ni, ri me, la ma, pá pe, si lo. Ri ve, po li, lo be, ve nu, ri de, fi ni. Va re, pe lu, ri te, ta re, si te, ja le. Ri pe, se ma, ru de, no me, ta pe.

**2ᵉ EXEMPLE.**

4. Du pe, pa ve, u ni, da te, ti re, ra ja. Vi te, ju re, da da, vo le, mi di, bu be. Ro me, so fa, vi de, no te, ve lu, so le. A mi, la me, du o, bi le, no ta, ô te ju ra. O ve, bo ni, di te.

## 11e LEÇON.

**Membres de phrases formés des mots
qui précèdent.**

1er EXEMPLE.

5. Le pa pe, ma li me,
u ne ra de, le jo li. La pi pe,
ta mu le, u ne da me, la
mo de. Ma ti ne, le no ta, ta
ju pe, u ne fi le. Le lo to, sa
no te, la ta re, u ne ri pe.

2e EXEMPLE.

6. Du vi de, je ti re, le
mi di, u ne la me. La ri vé,
du me nu, le ma ri, ma pa-
le. Sa ro be, u ne du ne, ta
mi ne, le pu ni. U ne sa pe,
ta li me. Le ta ri, u ne o de.
La ra de, du ve lu, le vo le.

## 12ᵉ LEÇON.

### Même Exercice.

#### 1ᵉʳ EXEMPLE.

7. Ta mi te, le ve to, u ne va re, du sa li. Ma pi te, le da da, u ne ra ve, ta va de. La ri me, u ne no te, le pa-pa, sa ro be. Le to me, je dî ne, la vi le, u ne mi te.

#### 2ᵉ EXEMPLE.

8. U ne o de, la bi le, ta ri de, le pi re. Sa du re, le jo li, ta pi le, u ne da te, le la ma. Ta ri pe, la lu ne, u ne ra me, le di to. Ma ja-le, ta du pe, u ne o ve, le ru de, je ri pe, u ne da me.

## 13ᵉ LEÇON.

**Phrases formées des mots qui précèdent.**

### 1ᵉʳ EXEMPLE.

9. Une ro be à la mo de. Ta li me fi ne. Le jo li to me. La mu le du pa pe. U ne li me du re. Le po li du so fa. Je do re u ne pi pe. Ja nu la ve u ne o ve. U ne â me pu re. Je me mi re vi te.

### 2ᵉ EXEMPLE.

10. La no te de pa pa. Je li me ta ri pe fi ne. Po pe a vu le lo to de Nu ma. U ne ju pe de bu re. Le ma ri de la da me. Bu le se ra ve nu à mi di. Ma ja te se vi de.

## 14ᵉ LEÇON.

### Lettres accentuées.

à  â  é  è  ê  î

ô  ù  û

### Syllabes accentuées.

#### 1ᵉʳ EXEMPLE.

Rô, té, pi, mè, pâ, dê. —
Vê, dî, lé, mâ, pè, dû. — Rê,
vî, fé, rè, mû, sè. — Pô, mé,
tâ, fé, pû.

#### 2ᵉ EXEMPLE.

Sû, dé, lâ, vô, pé, dô. —
Tê, bâ, vè, rô, mê. — Fû, lé,
tô, fè, bû, vé. Là, nô, rè, tû,
sè, fâ.

## 15e LEÇON.

**Mots accentués, de deux syllabes.**

### 1er EXEMPLE.

## é   è

**11.** Sa lé, mè ne, é mu, fu mé, pè re, dé fi. Fé tu, mè re, é té, lè ve, ju ré, é pi. Sè me, do ré, pè le, é lu, vo lé. Fè ve, me né, è re, sè ve, no té.

### 2e EXEMPLE.

## â ê î ô û

**12.** Mâ le, fê té, rô le, bê te, dî me, mô le. Pê ne, mâ le, tê te, pâ li, mê le, re dû. Tô le, rô ti, rê ve. Dô le, mû re, dî ne, pâ té, fê te, dô me.

## 16ᵉ LEÇON.

### Membres de phrases formés des mots qui précèdent.

1ᵉʳ EXEMPLE.

**13.** Ta pâ te, le pô le, ma mè re. Je sè me, le do ré, u ne mû re. Le mê me, je rô de, u ne fê ve. Du pa vé, le dô me, ma fê te. Le dî né, la tê te, u ne â me. Je lè ve. du râ pé, le fé tu, le pê ne.

2ᵉ EXEMPLE.

**14.** Du sa lé, ta tô le, u ne râ pe, sa vê le, le la vé, je rê ve. Le rô le, du pâ té, le rô ti. Je mè ne, le mâ le, du fi lé. Sa bê te, u ne è re, le ju ré. Je mê le, du vo lé.

## 17ᵉ LEÇON.

**Phrases formées des mots qui précèdent.**

### 1ᵉʳ EXEMPLE.

**15.** Le rê ve du pa pe. Le dô me do ré. U ne â me pu re. Je lè ve la tê te. La fê te de ma mè re. Le dî né se ra bé ni. Du rô ti de Dô le. Je la ve u ne mû re.

### 2ᵉ EXEMPLE.

**16.** Le pâ té de ma mè re. Je mè ne u ne vê le. La tê te de ta bê te. Je sa le du rô ti. De la pâ te du re. Nu ma a é té vo lé. U ne râ pe fi ne. Je rê ve à ma ro be. No é lè ve sa mè re. Le le vé de la lu ne.

## 18ᵉ LEÇON.

### Mots de trois syllabes.

**1ᵉʳ EXEMPLE.**

**17.** Mo du le, vé ri té, fa mi ne, vi pè re, fa ta le, mu rè ne. Li no te, fé dé ré, do ru re, mo dè le, pa ra fe, dé pu té. Sa la de, di vi ne, mo dè re, fi na le, nu mé ro, ma la de. A do ré, pa ru re.

**2ᵉ EXEMPLE.**

**18.** Sé vè re, la ti ne, nu di té, mo ra le, ré pa ré, do mi no. Fi dè le, re ve nu, ti mi de, ré vé ré, pe ti te, dé fi lé, pa na de. Ré vè le, vo lu te, é pu ré, ri va le.

## 19ᵉ LEÇON.

### Même Exercice.

#### 1ᵉʳ EXEMPLE.

**19.** Sa ti re, ru mi ne, dé-
vo te, bi tu me, va ni té, na ti-
ve. É pu re, pa ta te, tu li pe,
dé bu ta, pa va ne, sa me di.
Mi nu te, ra fi né, na ri ne,
mo dé ré, va li de, ré vo lu.
Ma da me, nu bi le, la vu re.

#### 2ᵉ EXEMPLE.

**20.** É pi ne, ba di né, li-
mi te, sa li ve, vi ro le, ré pu-
té. Su bi te, ro tu re, sa pi de,
vé ri té, pa ra de, fé lu re. Si-
rè ne, a va lé, no ma de, ré-
fu té, sa va te, dé fi ni.

## 20e LEÇON

### Membres de phrases formés des mots qui précèdent.

#### 1er EXEMPLE.

**21.** Je ba di ne, la ri va le, ma pa ru re, u ne fi dè le. La ma do ne, je mo dè re, le sa me di, du dé mê lé. U ne ri va le, sa pe ti te, du mé ri te, la fa ri ne, u ne é pi ne.

#### 2e EXEMPLE.

**22.** Ma pa ro le, le do mi no, ta va ni té, sa fu tu re. Je ra fi ne, du bi tu me, la sé vè re, u ne mi nu te. La ma ri ne, je ré pa re, u ne so li ve, le re ve nu, je dé ro be, u ne pe lo te.

## 21ᵉ LEÇON.

### Même Exercice.

**1ᵉʳ EXEMPLE.**

**23.** La ma la de, je re ti re, le mo dè le, u ne ra tu re. Je ra ni me, la pa ra de, u ne si rè ne, le dé te nu. Ma pa ru re, sa ra pi ne, je ré vè le, sa pâ tu re, le mo bi le. U ne dé vo te, je la mi ne.

**2ᵉ EXEMPLE.**

**24.** Le na vi re, sa vi ro le, je dé bu te, la nu di té. U ne fa mi ne, je li mi te, le ju bi lé, du ra pi de. La sû re té, je de vi ne, sa na tu re. le re te nu, je re lè ve.

## 22ᵉ LEÇON.

### Phrases formées des mots qui précèdent.

1ᵉʳ EXEMPLE.

**25.** U ne pa ro le di vi ne. La va ni té du pi lo te. U ne mo ra le pu re. La pa ru re de ma da me. U ne pe ti te li no te. Je ré vè le la vé ri té. De la fa ri ne ra re. U ne du ne ra pi de.

2ᵉ EXEMPLE.

**26.** Le re mè de de ta bê te. La pu re té du lé vi te. Je dé mê le de la fa ri ne fi ne. Ta mè re sa li ra sa ju pe. Je le ra mè ne à u ne é tu de u ti le.

## 23e LEÇON.

### Même Exercice.

**1er EXEMPLE.**

**27.** Jé rô me te li ra u ne o de. Le pi ra te a re vu la ra de. Mé ro pe se ra sé vè re. La mâ tu re du na vi re do-ré. O vi de a é té pu ui à mi di. A li ne do re ra le nu mé ro de ma da me.

**2e EXEMPLE.**

**28.** Le dé te nu a vo lé le pâ té du mo re. A dè le a lu ta mo ra le. Sa pâ tu re me fe ra ri re. É mi le, ta du re-té te se ra fa ta le. Pa mé la re li ra u ne sa ti re.

## 24ᵉ LEÇON.

**Mots de trois, de quatre et de cinq syllabes.**

### 1ᵉʳ EXEMPLE.

**29.** Mo no to ne, di mi nu ti ve, re mè de, li mo na de, mu ti ne, ma ti na le. Li bé ra li té, so li tu de, ra ni me ra, i mi ta ti ve, é vi te ra, ma ri ti me, a ni ma li té.

### 2ᵉ EXEMPLE.

**30.** Pa la ta le, a vi di té, si mi li tu de, fi dé li té, u ti le, a do re ra. Fi la tu re, li mi ta ti ve, i mi te ra, la ti tu de, a mè re, po pe li ne. Pa ra bo le, dé pa ve, o vi pa re, ô te ra, ma te lo te, fé dé ra le.

## 25e LEÇON.

### Membres de phrases formés des mots qui précèdent.

1er EXEMPLE.

31. Ma li mo na de, u ne pa ra bo le, sa bé a ti tu de, u ne ma te lo te. Sa fi la tu re, je bi tu mi ne, ta fi dé li té, sa mo ra le. U ne di mi nu ti ve, la ma ti na le, u ne so li tu de, ma po pe li ne. La si mi li tu de, ta mi no ri té, le mo no po le, u ne di vi ni té.

2e EXEMPLE.

32. Un vo la ti le, la vé ri té, ta ta ve lu re, u ne la ti tu de. Ma ja ve li ne, sa fa vo ri te, le ma ni pu le, u ne pe la mi de. Sa fa ri ri bo le, u ne tu bu lu re, ma ti re li re, u ne a ve li ne. Le ma ta mo re, sa sa ti na de, u ne a mé ni té.

# 26ᵉ LEÇON.

## Phrases formées des mots qui précèdent.

### 1ᵉʳ EXEMPLE.

33.  La ri ve ma ri ti me. Une pe-
ti te fi la tu re. La sé vé ri té du pi lo té.
Sa li mo na de de Mo no po li. Po la-
di no ve é vi te ra le pi ra te. La pe ti te
ma ti na le a é té ma la de. A ri ma ne
a do re la di vi ni té. Une ro be de po-
pe li ne de Vé ro ne.

### 2ᵉ EXEMPLE.

34. Je me re ti re de la li mi te fé-
dé ra le. Sa lo mi ne re lè ve la fé o da-
li té. Le ma ta mo re i mi te ra ta fa ri-
bo le. Un vo la ti le o vi pa re. La
pa ra bo le di vi ne. Une pi lu le vo mi-
ti ve. La fa vo ri te de ma da me Ra-
mo li na de No va re se re ti re de la
so li tu de.

## 27ᵉ LEÇON.

### Syllabes de deux lettres commençant par des voyelles.

Ar, es, op, il, ab, or. — El, as, ur, ap, oc, ul. — Ad, os, ac, ob, al, us.

### Mots commençant par les syllabes qui précèdent.

#### 1ᵉʳ EXEMPLE.

**35.** Ar mu re, es ti va le, or ne ra, es pè re, or bi te. Al to, op te ra, as péri té, ul ve, om ni vo re. Ur ba ni té, ac ti ve ra, es ti me, ab do mi na le, opta ti ve.

#### 2ᵉ EXEMPLE.

**36.** Ad mi re, ac te, al bu mi ne, or me, al tè re. Ar me li ne, ob te nu, as pi re ra, oc ta ve. Ur su li ne, ab jure ra, op té, ar ba lè te, oc ta ve, admi ra, or né.

## 28ᵉ LEÇON.

### Membres de phrases formés des mots qui précèdent.

#### 1ᵉʳ EXEMPLE.

37. Il admire ta petite urne. Papa me fera une arbalète. Il estime ta mère. Une armure utile. Il abjurera. Ta bête omnivore sera malade. Une armature de Ninive. Émile ornera le volume.

#### 2ᵉ EXEMPLE.

38. Il a une rare activité. Je lave sa petite urne. Adèle estime une armeline. Il se fera une orbite de lune. Le salé altère. Une ursuline de Rome. Il aspire à la divinité. Une aptitude à lire vite.

## 29ᵉ LEÇON.

**Syllabes à voyelles composées et nasales.**

Ai, ou, en, in, au. — Eu am, on im, et. — Un, an, oi, om, em.

**Mots commençant par les syllabes qui précèdent.**

### 1ᵉʳ EXEMPLE.

39. Au to ri té, im po li, em pi re, in dé fi ni, au ré o le. In fi dè le, en rô lé, au bé pi ne, on du lé, in ju re. Au di ti ve, an ti po de, im bi bé en lu mi nu re, eu mé ni de, im pu ni té.

### 2ᵉ EXEMPLE.

40. Ai de, in ti me, au ba de, em pi ré, in va li de. Em pâ té, au ro re, in dé vo te, aî né, an ti do te. Au to no me, on du lé, ai ma, in vé té ré, au to ma te. Eu ro pe, en dê vé, in di vi du, au ro ne.

## 30ᵉ LEÇON.

### Membres de phrases formés des mots qui précèdent.

#### 1ᵉʳ EXEMPLE.

**41.** Une in fi dè le, on am pu te, il in vi te, un an ti po de. On im pu te ra, un an ti pa pe, u ne in ju re, on en- lu mi ne. Il in ti tu le, un em pi re, u ne in fi ni té, on en rô la. Un ai de, il en ta me, on em pu te ra, un in- di vi du.

#### 2ᵉ EXEMPLE.

**42.** Une im pu ni té, il en lè ve, on on du le, u ne in dé vo te. Il em pi re, u ne au ba de, on im bi be, u ne an- ti lo pe. On em pi le, il in ti mi de, u ne au ro re, il ai me ra, u ne en ta mu re. Un im po li, on em pâ te, il ai de ra, on en fi le, un aî né.

## 31° LEÇON.

### Phrases formées des mots qui précèdent.

#### 1ᵉʳ EXEMPLE.

**43.** On ad mi re un in va li de. Il a ai mé un in fi dè le. On fe ra u ne au mô ne au ma la de. Il va en Eu ro pe. On im pu te ra u ne in ju re à un in di vi du en tê té. Il a ob te nu u ne au to ri té. On en rô la un an ti pa pe.

#### 2ᵉ EXEMPLE.

**44.** Ar mi de a u ne an ti lo pe. Il in vi te ra un a mi in ti me à ta fê te. On en lu mi ne u ne au ré o le. Il te fe ra u ne in ju re. Ma mè re en ta me un pâ té. On pu ni ra un im po li. Il ad mi re u ne an ti po de in dé vo te. On a en le vé la pe ti te en jo li vu re de ta pè le ri ne.

## 32e LEÇON.

### Syllabes de trois lettres.

Ban, mon, fou, din, loi, fen, dai. — Mau, tin, dun, bau, sin, ton. — Feu, boi, sou, don, tai, vin. — Ron, seu, que, ran, loi, veu, nou. — Roi, jeu, bon, tou, moi, san.

### Mots formés des syllabes qui précèdent.

#### 1er EXEMPLE.

45. Au di toi re, ban que rou te, en fan tin, sa lon. De meu re, an ti moi ne, in ten dan te, mé moi re, fon tai ne. Pan ta lon, in ven tai re, dé mon ta, sau mu re, sou te nu, a ven tu re.

#### 2e EXEMPLE.

é o li ne, féo da tai re, pin da ri que, dé men ti, fan fa ron, sou ve rai ne té. En boî tu re, fan tô me, nau ti que, fou lu re, fon te, se mai ne.

## 33ᵉ LEÇON.

### Même Exercice.

#### 1ᵉʳ EXEMPLE.

**47.** Mou lin, den tai re, pon ti fe, ren voi, dé fun te, bam bin. Pi voi ne, mon tu re, bam bou, don jon, fa lun, po lai re. Sau mon, tan te, dan din, re- mon te, den tu re, pou mon. Fau te, sa pin, ja lon, sou dai ne té, ju pon, pan tin. Do mai ne, ro ton de, le van- tin, mou ton.

#### 2ᵉ EXEMPLE.

**48.** Fan fa re, mau di te, ti mon, dé ten te, jeu di, de man de. Me lon, en fai té, sou pen te, jou jou, lan dau, man do re. Lun di, vai ne, ren te, dé- mon, bou que tin, dé men ti, sai ne. Lai te ron, pa ten te, bou ti que, fou le, san té, bou tu re, en vi ron.

# 34e LEÇON.

## Membres de phrases formés des mots qui précèdent.

### 1er EXEMPLE.

49. Sa faute, une pendule, ton bouton, le pontife, une bouture. Ma poule, un aileron, le fantôme, une défaite, son aviron. Une fanfare, du saumon, ton moulin, un joujou, ma patente. La défunte, une voiture, le donjon, du lapin.

### 2e EXEMPLE.

50. Son emboîture, le démenti, ta monture, un renvoi, ma parente. La banque, son timon, une mitaine, le démon, ton ampoule. Un moine, son roman, du bambou, ma denteure, un foulon. La déroute, il mentira, du savon, une poire, sa vilaine.

## 35ᵉ LEÇON.

### Même Exercice.

#### 1ᵉʳ EXEMPLE.

51. Mon mou ton, un ba la din, ta
de meu re, ma ra doi re, le bam bin.
U ne de man de, le jeu di, sa sou-
pen te, u ne ban que rou te, la dé-
ten te. Mon do mai ne, u ne fou lu re,
du bau me, ton sa lon, la san da ra que.
U ne sa van te, la ro mai ne, ma ren te,
le roi.

#### 2ᵉ EXEMPLE.

52. U ne bom be, le jeû ne, ton ju-
pon, ma lai ne, un le yan tin. Ta
man do li ne, u ne ro ton de, sa bou-
ta de, du bon bon, u ne joû te. Son
lan dau, un pan tin, mon ja lon, ton
mé moi re, du jam bon. U ne san da le,
mon pan ta lon, sa dé rou te, u ne toi-
tu re, le mon de.

# 36ᵉ LEÇON.

## Phrases formées des mots qui précèdent.

### 1ᵉʳ EXEMPLE.

53.  Je demande du saumon de ma tante Pauline. Ton roman sera lu au salon du roi. Je remonte la pendule de la boutique neuve. Le fanfaron ramène ta voiture de Montauban. Mon ami Antoine sera là lundi ou jeudi matin.

### 2ᵉ EXEMPLE.

54.  Je lirai ton volume intitulé: *le Fantôme romantique.* Maman lave le pantalon jaune de papa et la jupe noire de Léontine. On démonte la meule du moulin du jeune baron de Vaupente. Mon père mènera ton mouton à la foire de Dijon.

## 37ᵉ LEÇON.

### Même Exercice.

#### 1ᵉʳ EXEMPLE.

**55.** Lé on ad mi re u ne bom be de So li me. Il se ra re ve nu de la foi re lun di ma tin. Voi là un ba ron de Mo dè ne ou de Mi lan. Il le pu ni ra de sa fau te ou de sa va ni té mon dai ne. On es pè re peu de la san té de son ne veu. Il dî ne à Pam pe lu ne.

#### 2ᵉ EXEMPLE.

**56.** Mon do mai ne a é té ven du au mai re de Tou lon. An toi ne or ne ra le sa lon du man da rin. Ton é lè ve a de la mé moi re et du mé ri te. Le jeu ne ma rin ai me et ado re la Di vi ni té. Il a lu et re lu u ne o de é pi que de Pin da re.

### 3e EXEMPLE.

57. Valentin, je te dirai où Antoine a vu Noé. Ma mule ira boire toute seule à la fontaine. Il répare le landau du roi de Rome, non sa petite voiture. La foule a admiré un aéronaute à la fête de Vendôme et de Romorantin. Ninon aura une poire de Pompidou, et du boudin de Sédan.

### 4e EXEMPLE.

58. Maman admire son lavabo et sa pendule. Il a obtenu une autorité militaire en Europe et puni une injure. Le baladin de ton opéra va te faire rire un peu. Je limerai et polirai sa petite virole en fonte même sa râpe. On a volé la pompe neuve de Dantin le jeune.

## 38° LEÇON.

### Suite du même Exercice.

#### 1er EXEMPLE.

59.   Voilà déjà une semaine que Léon a fini de lire ton ode. Didon sale le rôti, la salade, le jambon et la soupe de son père. Je te ferai faire une petite rotonde en fonte et un joli bâton doré. Émile va au moulin, où il mène du son et de la farine.

#### 2° EXEMPLE.

60.   Adèle se sauve de toi et de moi, non de madame Simon. Le notaire de Mondovi a vu une louve et une antilope du Liban. Jérôme te demande si Noé sera à la fête ou à la foire de mai de Lépente.

### 3ᵉ EXEMPLE.

61. On ajoute une aile à ton moulin et on en répare la toiture. Le bambin de ma parente a vendu du savon et une pelote de laine jaune à madame Duban. Amélina aime et estime son père et sa mère de même que sa tante Léontine. Le pilote de ton navire se lève de bon matin, et adore la Divinité.

### 4ᵉ EXEMPLE.

62. Samedi, Junon aura sa robe et sa pèlerine de popeline, et moi ma jupe noire de laine. Ma tante jure de me dire où mon ami Éloi a été volé à Salente, la semaine dernière. On dépave et repave toute la route neuve de Meudon à Pantin.

## 39ᵉ LEÇON.

### Phrases détachées ou non liées par le sens formées des mots qui précèdent.

#### 1ᵉʳ EXEMPLE.

63. An toi ne, on va te di re que ton a mi Du pin a é té un peu ma la de tou te la se mai ne. Je li rai le ro man de Lé da lun di ou jeu di, non sa me di.

#### 2ᵉ EXEMPLE.

64. Mon pa pa mè ne son mou ton, sa vê le et sa mu le à la foi re de Mi lan, et il en ra mè ne ra un bu ba le. Là, je te le ré pè te, on ai me et ad mi re la bon té, la mo ra le et la vé ri té.

#### 3ᵉ EXEMPLE.

65. Ta mè re a dé jà la vé la toi le, le ru ban et la fu tai ne de ma da me Bé no ni. Do mi ni que dé rou le ra ton voi le do ré et ta ro be de sa tin.

## 4ᵉ EXEMPLE.

66. É mi le a en ten du di re à -u ne
sa van te de Pa na ma que le dé mon
ten te le mon de. Ton ne veu em-
mè ne la meu le du mou lin du ba-
ron de Mo dè ne.

## 5ᵉ EXEMPLE.

67 Tou te la fou le se de man de
si le roi i ra à Ro me, et si le pa pe
le bé ni ra. Si mon, Pau lin va boi re
du vin de Me lun et de la li mo-
na de de Mo no po li.

## 6ᵉ EXEMPLE.

68. A li ne, voi là u ne pe lo te de
lai ne noi re de Sa len te, un bou ton
et un jo li ru ban moi ré de Vé-
ro ne, de No va re ou de To lè de.

# 40ᵉ LEÇON.

## Même Exercice

### 1ᵉʳ EXEMPLE.

69. On en lè ve ra vi te ta pen-
du le de Mo dè ne et ma boî te neu ve
de sa pin. Ju non ad mi re la lu ne,
u ne é toi le po lai re et u ne au ro re
bo ré a le.

### 2ᵉ EXEMPLE.

70. A mé li na Va len tin me de-
man de un mou le, u ne o live, u ne
ra ve, un me lon et u ne poi re mû re
de ta tan te Ar man di ne de Va lon.

### 3ᵉ EXEMPLE.

71. Je dou te un peu de la foi de
ton jeu ne no tai re, mê me de la sé-
vé ri té et du mé ri te du mai re de
Mi ran don.

## 4° EXEMPLE.

**72.** Jeu di ma tin, Jé rô me Na tan i ra à la fê te de Pam pe lu ne et en voi tu re : là, il se ra ma la de et boi ra un re mè de sa lu tai re.

## 5e EXEMPLE.

**73.** Voi là le pi lo te de mon na-vi re; il va à Tou lon, où il va fai re u ne é tu de sa van te de la ma ri ne ro mai ne et du mi li tai re ma rin.

## 6e EXEMPLE.

**74.** A na to le, que te di re de ton é lè ve? Il a vo lé un po ti ron à Lé on ti ne et u ne fè ve à O vi de. Il se ra pu ni de sa fau te, il le mé ri te.

*NOTA. — Voyez le deuxième volume.*

PARIS. — IMPRIMERIE ÉDOUARD BLOT, RUE SAINT-LOUIS, 46.

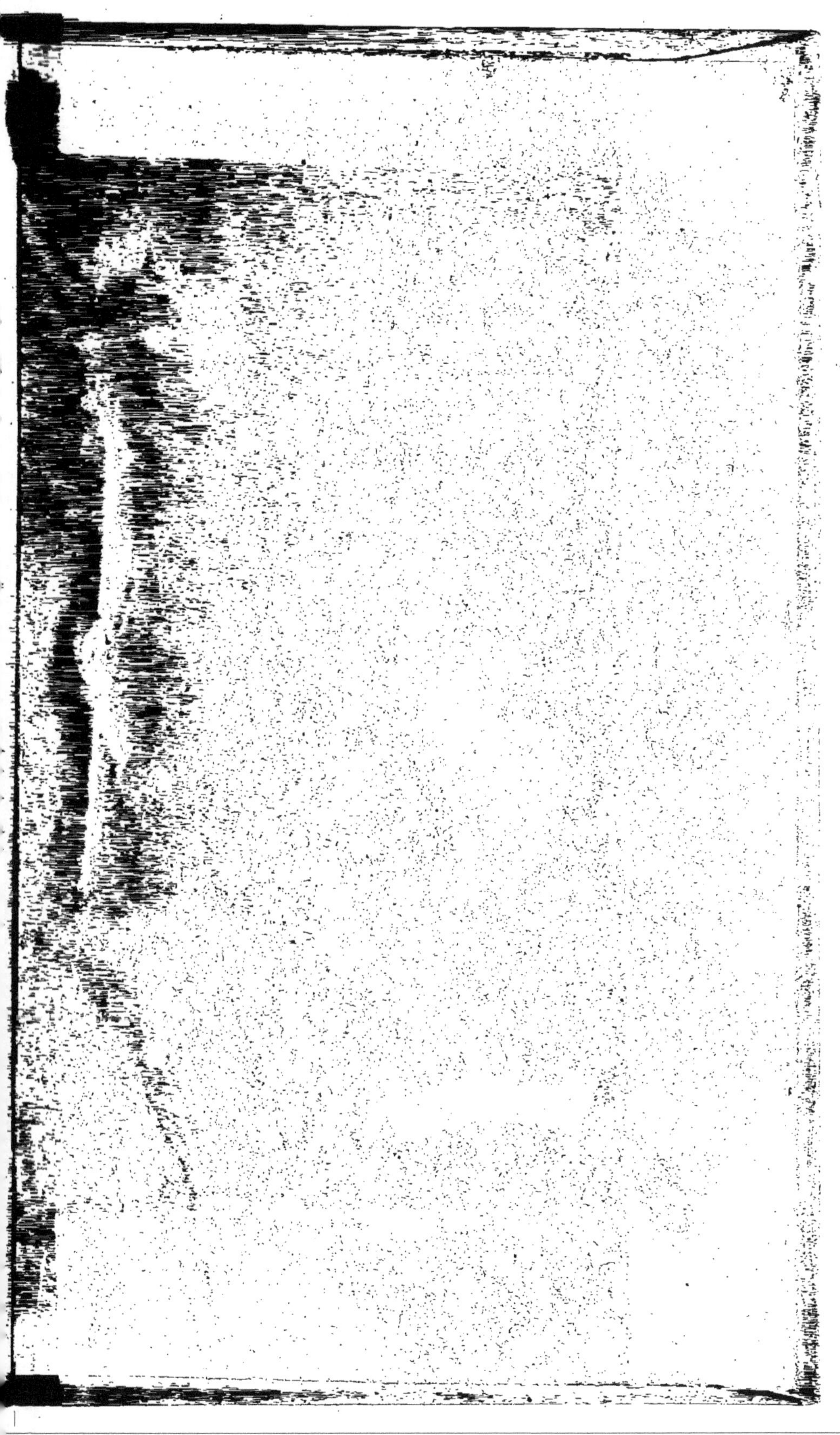

www.ingramcontent.com/pod-product-compliance
Ingram Content Group UK Ltd.
Pitfield, Milton Keynes, MK11 3LW, UK
UKHW021712130726
13696UKWH00004B/1771